रक्षा मंत्री
भारत
MINISTER OF DEFENCE
INDIA

A.K. Antony
Minister van defensie
India
15 februari 2013

Voorwoord

Swami Vivekananda was onbetwist de grootste apostel van de Indiase spirituele en culturele renaissance in de 19de eeuw. We herinneren ons met ontzag en trots de grote missie die de Indiase wijze op zich genomen heeft bij het verspreiden van de boodschap van universele broederschap, harmonie onder religies en het vreedzaam samenleven van verschillende bevolkingsgroepen en landen. Hij was zich er bewust van en bepleitte dat religie een grote bindende factor is en alle religies naar voren kwamen met de nobele intentie van individuele verlichting, sociale verheffing en de ware realisatie van het Zelf. De paden mogen verschillend zijn, het uiteindelijke doel is hetzelfde. Als zodanig is er een inherent ritme onder de religies die diep geworteld zijn in liefde, compassie en devotie. Wanneer we ons eenmaal de kern van dit ideaal realiseren en ons leven vormen in overeenstemming met de eeuwige leerstellingen die door verschillende religies gepropageerd worden, beginnen we elk individu te respecteren ongeacht kaste, geloofsovertuiging, religie en afkomst. Liefde en zorg voor onze medemensen is de mantra voor vrede en harmonie.

Swami Vivekananda werd met zijn welsprekende voordrachten en inspirerende aanwezigheid een icoon van jeugdig enthousiasme over de gehele wereld. Hij was de spirituele boodschap van India, de essentie van de Indiase filosofie, vereenvoudigd en geïnterpreteerd voor het welzijn van de wereldgemeenschap. Hij onderwees de religie van onbevreesdheid en spoorde de jeugd aan om te ontwaken, op te staan en niet te stoppen totdat het ultieme doel bereikt is.

Voorwoord

Mata Amritanandamayi Devi, over de hele wereld bekend als Amma, pleegt een rijk eerbetoon aan Swami Vivekananda ter gelegenheid van zijn 150ste geboortedag. Amma legt door eenvoudige, alledaagse voorbeelden de kern van Swami Vivekananda's onderricht uit. Amma doet een dringend beroep op de mensen om mentaal puur en vitaal te blijven, het waardesysteem in ere te houden, de onzuiverheden en wreedheid uit onze geest te verwijderen, de vruchten van onze oude cultuur en kennissysteem in ons op te nemen, het pad van dharma te volgen, een zinvol leven te leiden en angst te overwinnen. Net als Swami Vivekananda adviseert ook Amma te streven naar het realiseren van de oneindige kracht in ons. Verder brengt Amma de boodschap over de natuur te beschermen en een gezonde ecologie en milieu te bewaren voor het algemeen welzijn.

Amma heeft geen inleiding nodig. Mijn kennismaking en relatie met Amma begon in het midden van de negentiger jaren toen ik minister-president van Kerala was. Ik heb grote belangstelling voor en ben zeer bewogen door de toegewijde diensten die Amma aan de samenleving heeft bewezen en door de steun en bemoediging voor arme en noodlijdende mensen die zij bepleit. Amma heeft veel bijgedragen aan de bevordering van onderwijs en gezondheidszorg. Amma verspreidt de boodschap van universele liefde en broederschap wat over de hele wereld toegejuicht en gewaardeerd wordt. Als zodanig is Amma wellicht de geschiktste persoon om de waardevolle en verlichtende boodschap op de 150ste geboortedag van Swami Vivekananda uit te spreken.

(A.K. Antony)

|| Om Amriteshwaryai Namah ||

Inleiding

De 12de januari 2013 was de 150ste geboortedag van Swami Vivekananda, de dynamische sannyasi uit Kolkata die bekend is doordat hij de Indiase filosofie naar het westen bracht en tot religieuze reformatie en spirituele heropleving in zijn moederland inspireerde. De geboortedag markeerde niet alleen een enkele dag van vieringen, maar was het begin van een heel jaar van vieringen, van Kashmir tot Kanyakumari en van Gujarat tot Orissa. In feite waren de herdenkingen van zijn 150ste geboortedag net als Swami Vivekananda zelf, die over de hele aardbol reisde, niet beperkt tot India, maar vonden ze over de hele wereld plaats.

Op 11 januari 2013 hield Swami Vivekananda Sardhashati Samaroh Samhiti een programma in het Sirifort Auditorium in Nieuw Delhi om de jaarfestiviteiten in te luiden. Op hun verzoek hield Sri Mata Amritanandamayi Devi, onze geliefde Amma, de inauguratietoespraak.

Breng spirituele waarden in de praktijk en red de wereld

Het Sirifort Auditorium zat helemaal vol met de beste en intelligentste mensen uit India: politici, sociale werkers, onderwijskundigen, spirituele leiders, religieuze vooraanstaanden en anderen die hun leven aan de verheffing van India hebben gewijd. Amma begon haar satsang met het prijzen van Swami Vivekananda als een belichaming van mentale zuiverheid en vitale activiteit, iemand wiens leven en boodschap de kracht heeft het vuur van spiritualiteit in het hart van de mensheid te ontsteken. Amma maakte het echter snel duidelijk dat, vanuit haar perspectief, India enorm tekortschoot in het waarmaken van het visioen dat Vivekananda voor zijn land had. "We mogen dan geleerd hebben als vogels te vliegen en als vissen te zwemmen, maar we zijn vergeten hoe als mens te leven," zei Amma. "Het lijkt erop dat we die vaardigheid opnieuw moeten leren. Hoe kunnen we dat doen? Dat is alleen mogelijk als we over onszelf leren. We moeten ons aan een zelfanalyse onderwerpen. Waarom? Omdat het niet de buitenwereld, de wind, de oceaan, de seizoenen, de natuur of de dieren zijn die de oorzaak van de problemen van deze

Inleiding

wereld zijn, maar wij zijn het, de mens, onze menselijke geest."

De volgende veertig minuten wees Amma haarscherp op de kernpunten van de veelvoudige problemen in India: het falen van de inwoners om de eeuwenoude spirituele cultuur te koesteren en een leven te leiden dat geworteld is in de universele waarden waarop deze cultuur gebaseerd is.

Amma's woorden waren direct en zonder pardon. Ze zei: "In alle eerlijkheid, vele uitdagingen die Sanatana Dharma onder ogen ziet, hebben we zelf gecreëerd. We kunnen anderen de schuld geven en wijzen op de invloed van globalisering, buitenlandse overheersing en andere religies, en misschien kunnen zij tot op zekere hoogte verantwoordelijk gesteld worden, maar zij zijn niet de hoofdoorzaak. De belangrijkste oorzaak is onze onverschilligheid: we hebben de onschatbare rijkdom die onze cultuur is, niet gekoesterd en beschermd. Nauwkeuriger gezegd: we hebben niet de moed gehad om dat te doen. Wij hebben zelf het graf gegraven waarin deze cultuur met haar uitgebreide en oude kennis begraven zou kunnen worden."

Breng spirituele waarden in de praktijk en red de wereld

Hoewel het beeld dat Amma afschilderde vaak somber was, was haar toespraak absoluut niet fatalistisch. "Het is nog niet te laat," zei Amma. "Als we het oprecht proberen, kunnen we dit dharma nog steeds weer tot leven brengen. Hoe kan dharma beschermd worden? Alleen door het na te leven. Alleen door het na te leven en in de praktijk te brengen kan om het even welke cultuur voortbestaan."

In feite was Amma's toespraak een ontwerp voor de hervorming van India, een ontwerp dat rekening hield met de noodzaak tot een holistische transformatie zonder specifieke zaken over het hoofd te zien als het gebrek aan spiritueel bewustzijn bij de Indiase jeugd, de noodzaak van het beschermen van het milieu en de natuurlijke hulpbronnen, de noodzaak van interreligieuze acceptatie, de noodzaak van het beschermen van de beïnvloedbare geest van de jeugd tegen pornografisch materiaal en de noodzaak van het bevorderen van een op compassie gebaseerde, dienstverlenende mentaliteit bij zowel jongeren als volwassenen.

Amma besloot haar toespraak met een gebed. Ze zei: "India moet opstaan. De stem van

Inleiding

kennis, van Zelfrealisatie en de aloude woorden van onze rishi's moeten zich weer verheffen en over de hele wereld weerklinken. Om dit te bereiken moeten we in eenheid samenwerken. Moge dit land, dat de ware betekenis van acceptatie aan de wereld onderwees, stevig in die waarde gevestigd blijven. Moge de schelphoorn van Sanatana Dharma een herrijzenis aankondigen die over de hele wereld weerklinkt. Swami Vivekananda was als de regenboog die aan de horizon van de mensheid verscheen om ons de schoonheid en waarde te helpen begrijpen van een leven van actie gecombineerd met compassie en meditatie. Moge dus de prachtige droom van liefde, onbevreesdheid en eenheid, waarvan Swami Vivekananda droomde, realiteit worden."

Er was een daverend applaus. Iedereen in het Sirifort Auditorium begreep dat India een gezond recept voor zijn herstel had gekregen van iemand die de belichaming van de Indiase cultuur is. Het ontwerp voor de hervorming was gemaakt. Alles wat we nu moeten doen is het opvolgen.

> Swami Amritaswarupananda Puri
> Vice-president
> Mata Amritanandamayi Math

Breng spirituele waarden in de praktijk en red de wereld

Amma buigt voor allen, die de belichaming van zuivere liefde en het opperste bewustzijn zijn.

Allereerst wil Amma haar diepe vreugde uitdrukken over het feit dat zij kan deelnemen aan de viering van Swami Vivekananda's 150ste geboortedag. Zelfs na nog eens 150 jaar zullen het leven en de boodschap van Swami Vivekananda dezelfde betekenis uitdragen als zij vandaag doen. Zijn leven en boodschap zullen mensen blijven inspireren omdat Swami Vivekananda iemand was wiens karakter een perfecte combinatie van mentale zuiverheid en vitaliteit was.

"Pak een idee op. Maak van dat ene idee je leven. Denk er voortdurend aan, droom ervan en leef dit idee. Laat je hersenen, spieren, zenuwen, elk deel van je lichaam vol van dat idee zijn en laat elk ander idee rusten. Dit is de weg naar succes, dit is de manier waarop grote spirituele meesters geschapen worden."

Breng spirituele waarden in de praktijk en red de wereld

Dit was Swami Vivekanda's briljante oproep tot de wereld. Zijn woorden hebben de kracht om het spirituele potentieel dat inherent aan de mensheid is, wakker te maken, de kracht dit potentieel in vuur en vlam te zetten en de kracht deze vlammen tot de intensiteit van een bosbrand op te laten laaien. Vandaag de dag leven we in een wereld die zijn vertrouwen heeft gesteld in onmiddellijke bevrediging; we zoeken voortdurend 'het groenere gras' aan de overkant. Als we over de woorden van Swami Vivekananda nadenken, kunnen zij inspireren tot een vredige maar krachtige spirituele revolutie. Geen uitwendige revolutie maar een innerlijke, een revolutie die gebaseerd is op waarden.

Vanuit een materieel standpunt gezien gaat de mensheid snel vooruit en bestijgt de ene top van succes na de andere. In deze tijd heeft de mensheid vele successen bereikt die eens onbereikbaar schenen, zelfs ondenkbaar. Niettemin heeft geen van deze successen de kracht om zelfs maar een klein beetje van het vuil van wreedheid dat zich in het hart van de mensheid heeft opgehoopt, te verwijderen. Dit vuil heeft zich tot zo'n hoogte opgehoopt dat het de mensheid naar de rand van een grote ramp heeft geleid.

We mogen dan geleerd hebben als vogels te vliegen en als vissen te zwemmen, maar we zijn vergeten hoe als mens te leven. Het lijkt erop dat we die vaardigheid opnieuw moeten leren. Hoe kunnen we dat doen? Dat is alleen mogelijk als we over onszelf leren. We moeten ons aan een zelfanalyse onderwerpen. Waarom? Omdat het niet de buitenwereld, de wind, de oceaan, de seizoenen, de natuur of de dieren zijn die de oorzaak van de problemen van deze wereld zijn, maar wij zijn het, de mens, onze menselijke geest.

Het maakt deel uit van de menselijke aard om problemen te scheppen en dan rond te rennen om er een oplossing voor te vinden. Tegenwoordig hebben we kennis, maar geen bewustzijn. We hebben informatie maar geen *viveka*[1]. We weten natuurlijk dat we een hoofd hebben, maar worden ons daar alleen bewust van wanneer we hoofdpijn hebben.

---

[1] De kracht van onderscheidingsvermogen en juist oordeel.

Breng spirituele waarden in de praktijk en red de wereld

Jullie hebben waarschijnlijk het verhaal gehoord van de man die eerst een eetlepel medicijnen innam en toen pas het label op de fles zag waarop stond: "Voor gebruik goed schudden." Hij realiseerde zich dat hij de instructies niet goed had opgevolgd, dacht even na en begon op en neer te springen en zijn lichaam zoveel mogelijk te schudden.

Zoals de man in dit verhaal, proberen wij vaak onze fouten pas te corrigeren wanneer het al te laat is. In alle eerlijkheid, vele uitdagingen die Sanatana Dharma onder ogen ziet, hebben we zelf gecreëerd. We kunnen anderen de schuld geven en wijzen op de invloed van globalisering, buitenlandse overheersing en andere religies, en misschien kunnen zij tot op zekere hoogte verantwoordelijk gesteld worden, maar zij zijn niet de hoofdoorzaak. De belangrijkste oorzaak is onze onverschilligheid: we hebben de onschatbare rijkdom die onze cultuur is, niet gekoesterd en beschermd. Nauwkeuriger gezegd: we hebben niet de moed gehad om dat te doen. Wij hebben zelf het graf gegraven waarin deze cultuur met haar uitgebreide en oude kennis begraven zou kunnen worden.

Toespraak van Sri Mata Amritanandamayi

Het is nog niet te laat. Als we het oprecht proberen, kunnen we dit dharma nog steeds weer tot leven brengen. Hoe kan dharma beschermd worden? Alleen door naleving en in de praktijk brengen kan een cultuur voortbestaan. Amma vraagt jullie niet om intense spirituele ascese te beoefenen, maar dharma naar jullie vermogen te beoefenen. Heer Krishna zei: "Er bestaat geen verlies op dit pad. Zelfs een klein beetje dit dharma beoefenen helpt je je diepste angsten te overwinnen."[2] Het pad van dharma is het enige pad in de wereld waarop geen kans op mislukking is wanneer je het bewandelt.

Er is geen grotere angst dan de angst voor de dood. We moeten de moed hebben om ons Vedisch erfgoed te beschermen door ons zijn wijsheid, die ons leert hoe zelfs de angst voor de dood te transcenderen, eigen te maken. De gedachte: "Ik kan het niet" moet veranderen in het ferme besluit: "Alleen ik kan het doen". Dit is vooral belangrijk wanneer het jonge geesten

---

[2] nehabikramanaso'sti pratyavayo na vidyate svalpa-mupasya dharmasya trayate mahato bhavat
                        Bhagavat-Gita, 2.40

betreft want het is de jeugd die het onderricht van ons erfgoed in de toekomst uit zal dragen.

"Een paar met heel hun hart toegewijde, oprechte en energieke mannen en vrouwen kunnen in een jaar meer doen dan een menigte in een eeuw." Herinner je deze woorden van Swami Vivekananda. Hij zei ook: "Het zijn helden die van de aarde genieten. Dit is de onvervalste waarheid. Wees een held. Zeg altijd: 'Ik ben niet bang'. Zeg dit tegen iedereen: 'Wees niet bang.'"

De vloek van de hedendaagse hindoegemeenschap is angst, de angst van de hindoe om zijn geloof te beoefenen. Doordat hij Veda Mata, Desha Mata, Deha Mata, Prakriti Mata en Jagan Mata[3] is vergeten, heeft deze angst hem in diepe duisternis ondergedompeld. Toch is de essentie van Sanatana Dharma onbevreesdheid. Angst maakt het leven gelijk aan de dood; het ontkracht onze handelingen. De bron van deze angst is het gevoel: "Ik ben zwak." Dit gevoel ontstaat uit gebrek aan begrip over de oneindige kracht in ons.

---

[3] Moeder Veda, het moederland, de biologische moeder, Moeder Natuur en Moeder Aarde

Er reed eens een vrachtwagen door een dorp en er ontstond vuur in de motor. De chauffeur sprong snel uit de wagen, ging naar een telefooncel en belde de brandweer. Maar toen de brandweer arriveerde, was de voorkant van de truck volkomen uitgebrand. Toen de brandweermannen de vrachtwagen openden, waren ze verbaasd de lading te zien: een lading brandblusapparaten! Als de chauffeur van de vrachtwagen had geweten wat de inhoud van zijn wagen was, had hij deze ramp kunnen voorkomen. Op dezelfde wijze zijn wij door onze angst vaak niet in staat de latente kracht in ons te realiseren.

Angst zorgt ervoor dat onze geest ineenkrimpt en verschrompelt. Onze geest wordt als een droogstaande put. Angst beperkt onze wereld tot een cel vol duisternis, zoals een schildpad die zich in zijn schild heeft teruggetrokken nadat hij een roofdier heeft waargenomen. Het vermindert onze kracht tot een klein stipje. We verliezen onze *atma shakti*[4] Een

---

[4] letterlijk de "kracht van het Zelf." In essentie: het vertrouwen en de mentale kracht die verkregen worden

onbevreesde geest is daarentegen uitgestrekt als de hemel.

Amma zou niet willen beweren dat angst altijd zonder doel is. Het heeft een natuurlijke en zinvolle functie. Wanneer er bijvoorbeeld een huis in brand staat, zou het dom zijn onbevreesd te zijn en binnen te blijven. Amma zegt alleen dat we geen slaaf van angst moeten worden.

Geboorte en dood zijn twee belangrijke kenmerken van het leven. Zij vinden zonder onze toestemming plaats en zonder met onze behoeften rekening te houden. Als het leven een brug is, zijn geboorte en dood de twee uiteinden die de brug ondersteunen en van een fundament voorzien. We hebben geen controle over deze twee basiscomponenten, geboorte en dood, die het leven ondersteunen. We weten niets van hen af. Hoe kunnen we dan logischerwijs het middelste gedeelte, dat we leven noemen, als van ons opeisen? Evenzo vragen kindertijd, jeugd, adolescentie en ouderdom niet om onze toestemming om te komen en gaan. Ze vinden

---

door het begrip dat de eigen natuur onsterflijk en op geen enkele manier beperkt is.

gewoon plaats. Erken deze waarheid en verricht handelingen die zowel jou als individu als de samenleving als geheel verheffen.

Swami Vivekananda zei eens: "Als dood met zekerheid vaststaat, is het het beste ons op te offeren voor een goed doel." Zulke idealen, die de essentie van Sanatana Dharma zijn, zouden aan onze jeugd onderwezen moeten worden. Wij moeten een voorbeeld worden door deze idealen in ons eigen leven toe te passen. Als de jeugd ontwaakt, ontwaakt de natie, dan zal ook de wereld ontwaken. Maar de jeugd van vandaag schijnt in de greep te zijn van een wijdverspreide epidemie. Amma wil niet generaliseren, sommige jongeren beschouwen het leven vanuit een meer volwassen perspectief, maar een grote meerderheid schijnt alleen geïnteresseerd te zijn in het genieten van een rock-'n roll leven. Zij vinden de ideeën over spiritualiteit, vaderlandsliefde en onze heiligen dwaas. "Primitief! Dat is niets voor ons. Dat is voor oude en slome mensen," beweren zij. In werkelijkheid zijn de mensen die anderen bespotten en uitlachen de gekken. Zij die hun eigen zwakten en tekortkomingen inzien en

Breng spirituele waarden in de praktijk en red de wereld

erom kunnen lachen, hebben *viveka*. We moeten onze jeugd helpen dit besef van viveka te ontwikkelen.

Er zijn maar twee delen in de schepping: *atma* en *anatma*, 'ik' en alles wat 'niet ik' is. Doorgaans zijn we er niet in geïnteresseerd om over onszelf te leren. We proberen alleen iets te leren over uitwendige objecten en situaties.

Een man naderde op zijn motor de grens tussen twee landen. Achterop de motor zaten twee grote zakken. De douanebeambte hield hem aan en vroeg: "Wat zit er in die zakken?" "Alleen maar zand," zei de man. De douanebeambte zei: "O ja? Nou, daar zullen we dan even naar kijken. Kom van de motor af." Hij pakte de zakken en gooide de inhoud op de grond. Maar er zat werkelijk niets anders dan zand in. Toch besloot hij de man een nacht vast te houden, terwijl hij het zand liet onderzoeken op sporen goud, drugs en explosieven. Maar uiteindelijk werd er niets anders dan zand gevonden. De douanebeambte had geen andere keus dan de man vrij te laten en hem met de twee zakken zand op zijn motor de grens over te laten gaan.

Een week later gebeurde hetzelfde. Opnieuw sloot de douanebeambte de man een nacht op en werd hij de volgende dag vrijgelaten met twee zakken zand op zijn motor. De komende paar maanden herhaalde hetzelfde zich telkens opnieuw.

Uiteindelijk gingen er een paar maanden voorbij zonder dat de man de grens overging. Op een dag zag de douanebeambte de man in een restaurant aan de overzijde. Hij zei tegen hem: "He, ik weet dat je iets in je schild voert, ik weet alleen niet wat. Dat nekt me! Ik kan er 's nachts niet van slapen. Ik kan er maar niet achterkomen. Onder ons: waarom smokkel je onvermengd, oud, waardeloos, zand?"

De man nipte aan zijn glas, glimlachte en zei: "Agent, ik smokkel geen zand. Ik smokkel gestolen motorfietsen."

De douanebeambte was zo in beslag genomen door de zakken, dat hij vergat aandacht te schenken aan wat voor de hand lag, de motor. Op dezelfde manier richten wij ons voortdurend op de buitenkant en raken daardoor onszelf kwijt. Daarom moeten we begrijpen wie wij zijn, ook al is het belangrijk de natuur van de uiterlijke objecten te begrijpen.

Tegenwoordig leren veel mensen *yoga asana's* (yogahoudingen) om hun lichamelijke schoonheid en kracht te versterken. Het is in de mode onder de jongeren, maar ze begrijpen het onderliggende principe niet, de onschatbare rijkdom, de essentie van yoga.

De kosmische kracht, die dit universum creëert en organiseert zodat het soepel functioneert, heeft bepaalde richtlijnen aan de mensheid voorgeschreven. Deze richtlijnen worden *dharma* genoemd. Dharma heeft een zeker ritme, klank en melodie. Wanneer de mensheid niet in overeenkomst met dit *dharma* denkt en handelt, is het evenwicht in de geest van de mens en in de natuur verloren. De belangrijkste reden voor de meeste problemen die we in ons land zien, zijn de gangbare gedachtegang en levensstijl die geen aandacht besteden aan onze oude cultuur. Onze jeugd moet zich van dit probleem bewust worden. Als zij willen dat hun verlangens en dromen uitkomen, zijn een onvoorstelbare kracht, de zegeningen van het

Toespraak van Sri Mata Amritanandamayi

universum en de steun en bescherming van de natuurkrachten vereist.

Onze jongeren zijn geen 'nietsnutten' maar 'allesnutten'. Zij zijn niet 'zorgeloos' maar 'er wordt niet voor hen gezorgd'. De toekomst van India en de hele wereld ligt in hen. De krachtbron die nodig is om onze samenleving wakker te maken ligt in hen. Wanneer zij ontwaken, is onze toekomst veiliggesteld. Zo niet, dan zal de harmonie tussen het menselijk leven en het hele universum verstoord zijn.

Op een dag kwam een 25 jarige jongeman naar onze *ashram*. Hij droeg zijn pet achterstevoren en had een stip van sandelhoutpasta op zijn voorhoofd. Hij ging naar de oudste *sannyasi* (monnik) in de ashram en vroeg hem: "Oom, waar is de ashramkeuken?" De sannyasi was een beetje ondonderd, maar wees zonder te reageren de weg naar de keuken. Toen de jongeman na een tijdje terugkwam, riep de sannyasi hem bij zich en vroeg vriendelijk: "Zoon, hoe heet je?" "Jnanaprakash," antwoordde hij. (De sannyasi moet gedacht hebben: "Zijn ouders hebben hem een goede naam gegeven, Jnanaprakash, het licht van kennis. Waarom straalt hij dan geen licht uit?")

De sannyasi vroeg de jongen: "Zoon, hoe zou je iemand die een witte jas aanheeft en een stethoscoop draagt in een ziekenhuis noemen?"

"Een dokter," antwoordde hij.

"En hoe zou je iemand in een zwarte toga in de rechtszaal noemen?"

"Een advocaat," antwoordde hij.

"Weet je dan niet dat op dezelfde wijze iemand in het oker in een ashram met 'Swami' aangesproken behoort te worden?"

De jongeman was een moment stil. Toen verontschuldigde hij zich snel: "Sorry, oom."

De sannyasi moest wel lachen. De jongeman was een hindoe, geloofde in God en was redelijk opgeleid, maar toch ontbrak het bij hem aan begrip van zijn cultuur. Dit incident wijst op een betreurenswaardige waarheid: de jongere generatie is zich niet bewust van de waarde en grootsheid van zijn eigen land, dat bekend staat als het heilige land van de *rishi's*[5], het land dat het gouden licht van spiritualiteit aan de wereld heeft geschonken. Hoe kon dit

---

[5] heiligen uit vroeger tijden

Toespraak van Sri Mata Amritanandamayi

gebeuren? Hoe kunnen we een basisbegrip over onze cultuur aan de nieuwe generatie overbrengen? Onze Vedische cultuur is een lichtbaken voor de hele wereld geweest. Maar deze cultuur bevindt zich nu in een crisis. We moeten onze cultuur beschermen. Daarvoor hebben we de bereidheid en welwillendheid nodig om een beetje inspanning te verrichten. Dan zal dharma zichzelf beschermen. Met die inspanning moeten we hier en nu beginnen. Maar hiervoor moet de verantwoordelijke regering een visie hebben die gebaseerd is op spirituele waarden en moet samenwerken voor een beter bestuur. Dit herinnert ons aan de mantra uit de *upanishaden* die Swami Vivekananda zo dierbaar was: "Word wakker, sta op en stop niet voor het doel bereikt is."[6]

Onze mentale en intellectuele krachten zijn beperkt. Hun vitaliteit is van korte duur en uiteindelijk zullen zij opdrogen. Daarom wordt er gezegd dat we ons vertrouwen in de *atma shakti* moeten stellen. Dat is het ontwaken waarnaar die beroemde mantra verwijst. Het is

---

[6] uttisthata jagrata prapya vannibodhata (Katha Upanisad 1.3.14)

onmogelijk om totaal vertrouwen in een ogenblik te ontwikkelen, maar wanneer we onze daden met een gevoel van overgave verrichten, zullen we kracht verzamelen en in de richting van ons doel vooruitgaan.

Onze vijanden bevinden zich niet buiten maar binnen. We zijn onze eigen vijand. Onze onwetendheid, de wijze waarop we slaaf van onze verlangens zijn geworden en ons algemeen onbegrip over de aard van het leven zijn allemaal zwakheden die ons beperken.

Een onderwijzer op een basisschool vroeg eens aan zijn leerlingen: "Jongens, hoeveel sterren zien jullie 's nachts aan de hemel?"

Een kind antwoordde: "Duizenden en duizenden!"

Een ander riep: "Miljoenen!"

Eend derde zei: "Miljarden!"

Uiteindelijk riep het jongste kind uit de klas: "Drie!"

"Drie maar?" vroeg de leraar. "Heb je je klasgenoten niet duizenden en miljarden horen zeggen? Hoe komt het dat jij maar drie sterren ziet, jongen?"

De jongen antwoordde: "Dat is niet mijn schuld. Het raam in mijn kamer is maar heel klein!"

Het raam is als een lijst. De jongen kon alleen kleine stukjes van de hemel zien binnen het kader van zijn raam. Evenzo zijn wij beperkt door het kader van onze zwakheden. Om die te transcenderen moeten we handelen terwijl we stevig in spiritueel begrip zijn geworteld. Kali Yuga[7] is het tijdperk van actie. Handelen met de duidelijke gerichtheid op een spiritueel doel is de grootste verzaking en ascese die we in Kali Yuga kunnen doen. Dit helpt ons intelligent te antwoorden in plaats van emotioneel te reageren op situaties in het leven. In wezen wordt ons leven geleid door *viveka*.

In de woorden van Swami Vivekananda: "Degene die niet in zichzelf gelooft is een atheïst. In jezelf geloven betekent geloven in de onbegrensde kracht van het Zelf in je.

Er zijn drie uitdrukkingen van liefde die deze kracht in ons doen ontwaken: de liefde

---

[7] Het vierde van de vier cyclische tijdperken, Kali Yuga, is de tijd van het materialisme waarin dharma niet algemeen beoefend wordt.

voor jezelf, liefde voor God en liefde voor de gehele schepping. Liefde voor jezelf betekent niet de zelfzuchtige liefde van het ego. Het betekent van het leven houden, succes en mislukking en dit menselijk leven als een zegen van God zien en houden van de inherente goddelijke kracht in jezelf. Dit groeit uit tot liefde voor God. Als deze twee componenten aanwezig zijn, zal de derde component, liefde voor de gehele schepping, zich vanzelf manifesteren.

Het gezin is de bron zowel van iemands goede eigenschappen als zijn slechte eigenschappen. Bijna alles wat de mentale gezondheid van een kind beïnvloedt, komt vanuit het gezin. Tegen de tijd dat een kind een jaar of acht, negen is, is de basis voor 70 procent van de mentale groei reeds gelegd. Iemand kan 80 of 90 jaar worden, maar tegen de tijd dat hij 10 jaar is heeft hij al de belangrijkste lessen uit zijn leven geleerd. Alleen de resterende 30 procent wordt na die tijd geleerd en dit leren wordt gebouwd op de basis van de sterke kanten en zwakheden die in de kindertijd ontwikkeld zijn. Om een wolkenkrabber te bouwen moet eerst een solide basis gelegd worden. In werkelijkheid is volwassenheid het vermogen ons hele leven te blijven leren. Het komt niet met de leeftijd maar met onbaatzuchtigheid en een accepterende houding die geheel verstoken is van vooringenomen opvattingen.

Iedere dag worden er op het gebied van de geneeskunde nieuwe technieken ontwikkeld en worden er nieuwe ziekten ontdekt. Een dokter moet dus op de hoogte blijven van het laatste medische onderzoek. Een dokter kan niet zeggen: "Zo was het twintig jaar geleden. Het kan nu niet anders zijn."

Het is waar dat we, als we materiële doelen willen bereiken, eerst informatie moeten verzamelen over de uiterlijke wereld. Maar wanneer we ons leven uitsluitend op zulke informatie baseren, groeit ons ego. Tegenwoordig wordt ons leven, en vooral dat van de jongere generatie, opgeslokt door onnodige informatie. Onze jeugd gelooft in het lichaam en de geest. Zo denken maakt mensen mechanisch en egoistisch. Door de informatietechniek weet de jeugd tegenwoordig meer over de wereld dan de volwassenen.

Breng spirituele waarden in de praktijk en red de wereld

Een vader wilde een privé gesprek met zijn zoon, die in de zevende klas zat. Hij nam hem mee naar zijn kamer en sloot de deur. Hij keek in de ogen van zijn zoon en zei: "Zoon, je bent nu 12 jaar. Als ik lees en hoor over de dingen die kinderen van jouw leeftijd doen, draait mijn maag om. Daarom wil ik een paar dingen uit het leven met je bespreken."

Zonder een spier te vertrekken antwoordde de zoon: "Okay pa. Wat wil je weten? Ik zal je alles vertellen."

De rishi's uit de oudheid ervoeren dat de basis van alle kennis het zuivere bewustzijn in ons is. We moeten dit begrip harmonieus combineren met de ontdekkingen van de moderne wetenschap. De volgende generatie moet deze noodzaak begrijpen. Anders zal dit land, dat de geboorteplaats van het spirituele gedachtegoed is, gedwongen worden een generatie te zien die denkt dat er niets anders in het leven is dan seks, drugs en geld.

Swami Vivekananda zei: "Toen ik naar Amerika en Engeland vertrok, hield ik innig van mijn moederland. Sinds ik terug ben, lijkt elk deeltje van dit land mij heilig." Na het

Toespraak van Sri Mata Amritanandamayi

recente incident in Delhi schamen veel Indiërs zich om zich Indiër te noemen[8]. Onze waarden, ons gevoel voor dharma, de zelfopoffering en compassie van onze heiligen en wijzen, dat is wat Swami Vivekananda zo koesterde in zijn moederland. Het leven van een gemiddeld persoon bestaat uit zijn huis, partner en kinderen, maar zij die een leven van dienstbaarheid wensen te leiden, transcenderen deze grenzen en maken hun leven tot een offer ten behoeve van hun land. Degenen die de piek van spiritualiteit hebben bereikt en in *advaita*[9] zijn gevestigd, zien de hele schepping als van henzelf, en niet alleen maar hun eigen gezin. Voor hen zijn hemel en hel gelijk. Zulke mensen veranderen de hel in een hemel. Deze visie van eenheid is het pad naar positieve verandering.

De universiteit die door de ashram geleid wordt, heeft vijf campussen. Enkele studenten vertelden Amma eens dat zij geen uniformen

---

[8] Amma verwijst naar de fatale groepsverkrachting van een 23 jarige studente die plaats vond in Delhi in december 2012.
[9] Het inzicht dat het individu, God en het universum in essentie 'niet twee' maar één zijn.

meer wilden dragen. Amma vroeg hen: "Is het ware doel van onderwijs alleen maar het behalen van een diploma, een goede baan en veel geld verdienen? Nee. Het is het vergaren van kennis en waarden en het ontwikkelen van een meedogende houding tegenover iedereen." Toen gaf Amma de studenten een paar voorbeelden van wat er gebeurd was op scholen waar het dragen van een uniform niet verplicht was. Op één school waren veel studenten gedwongen een grote lening voor hun opleiding af te sluiten en hadden dus zeer weinig geld. Toen deze studenten zagen dat hun klasgenoten dure, modieuze kleding droegen, wilden zij die ook hebben. Het minderwaardigheidscomplex dat opgeroepen werd door hun gebrek aan dure kleren, bracht sommige studenten ertoe te proberen geld te verdienen door het verkopen van drugs, zelfs aan hun klasgenoten. Hierdoor raakten velen van hen verslaafd. Sommigen stalen, anderen pleegden zelfs zelfmoord.

Een student van een andere school die erg arm was en er wanhopig graag bij wilde horen, zond Amma een alarmerende brief vanuit de gevangenis waarin hij zei dat hij had geprobeerd de halsketting van een vrouw te stelen en hij haar daarbij per ongeluk gedood had.

Amma vroeg de studenten: "Vertel me nu: willen jullie een situatie creëren waarin andere studenten verkeerde beslissingen zouden kunnen nemen of zouden jullie liever een uniform dragen?" De studenten zagen het belang in van het respecteren van de gevoelens van anderen en antwoordden unaniem dat zij dan liever een uniform droegen.

We moeten de onderliggende eenheid achter alle verschillen herkennen. Dat helpt ons. Hoewel we duizend zonnen kunnen zien in duizend schalen met water, is er maar één zon. Wanneer we het bewustzijn in ieder van ons als één en hetzelfde zien, kunnen we een geest ontwikkelen die eerst met de behoeften van anderen rekening houdt, dan pas met die van onszelf. We hebben bijvoorbeeld een horloge nodig. Maar zowel een horloge van 50 roepies als een van 50.000 roepies geeft dezelfde tijd aan. Als we het goedkopere horloge kopen en met het resterende bedrag de armen helpen, zouden we de samenleving een grote dienst bewijzen.

Alles in de schepping heeft leven en bewustzijn in zich. Hoe kunnen we deze grote waarheid bewijzen? Niet door taal, niet door de geest, noch door het intellect. Deze zijn allemaal beperkt. Liefde is het oudste en modernste lichtbaken. Alleen liefde kan de menselijke geest optillen van de laagste staat tot het oneindige domein van het Zelf. Verder is liefde de enige taal die de hele schepping kan begrijpen: de universele taal van het hart.

Liefde, zegen, genade en compassie zijn allemaal slechts synoniemen voor God. Zulke deugden en God zijn niet vele maar één. Die zegen en genade zijn overal aanwezig. Wanneer we ons dharma blij en met een open hart uitvoeren, stromen die kracht en genade bij ons binnen.

Een vis die vrolijk in zee zwemt, vergeet de zee, maar als hij op het hete zand van de oever gegooid wordt, herinnert hij zich de zee onmiddellijk. Maar er zijn geen oevers weg van God waarop wij gegooid kunnen worden, want God is een oneindige oceaan zonder oevers. Ieder van ons is een golf in die oceaan. Zoals de oceaan, de golven en het water één zijn, zo zijn ook wij één met God. Wij zijn een belichaming van God.

De *asura's* (demonen) waren degenen die uit het rijk van de *deva's* (goddelijke wezens) zijn gevallen door hun gebrek aan *viveka*. Tegenwoordig gedraagt de mens, die een belichaming van God is, zich als een *asura*. Veel incidenten uit het verleden, en huidige gebeurtenissen zelfs nog meer, bewijzen dat *asura's* als menselijke wezens geboren worden. Iedere dag horen we over incidenten die de naam van onze eeuwige cultuur aantasten, onze cultuur die ons leert alle vrouwen te eren als moeders, als godinnen, als dierbare vriendinnen voor wie we ons hart kunnen openen. Kan die gruweldaad die onlangs in Delhi plaatsvond iets anders zijn dan een product van een demonische geest? Op geen enkel moment in de geschiedenis heeft een samenleving die geen respect voor vrouwen had, gebloeid. Al zulke samenlevingen gingen ten onder. Als we naar de *Ramayana* of de *Mahabharata*[10] kijken of zelfs naar de laatste duizend jaar van de geschiedenis, kunnen we zien hoe reusachtige rijken en heldhaftige

---

[10] de Indiase heldenverhalen

monarchen gevallen zijn door hun gebrek aan respect voor vrouwen en het moederschap. Dit land heeft de *maha-tyaga, tapas* en *danam* van onze *rishi's* gezien, hun geweldige verzaking, ascese en liefdadigheid. Het is hoog tijd voor de inwoners van India om hun geest te transformeren. Verder uitstel zal in een ramp resulteren.

In ieder groeistadium waardoor een kind gaat – hij probeert zich om te draaien, hij leert te kruipen, hij begint te lopen, etc – is hij als een soldaat die nooit een nederlaag accepteert. Maar tegenwoordig wordt hij tegen de tijd dat hij volwassen is, de middelbare leeftijd passeert en een 65 plusser wordt, zakelijk. Alles, inclusief zijn relaties, wordt als een zakelijke overeenkomst. Wie is daarvoor verantwoordelijk? Het zijn onze samenleving, onze ouders, onze ouderen, ons onderwijssysteem, onze blinde imitaties en onze manier van leven die verzuimt de Indiase cultuur te respecteren. Dit alles creëert angst, vrees en lafheid. De mensheid verliest de kracht het leven te zien als een avontuur of een uitdaging die moedig onder ogen gezien dient te worden. De geest kan het bestaan van anderen niet meer erkennen, noch rekening houden met hun gevoelens.

Er zijn zeven miljard mensen op deze planeet. Maar bijna niemand denkt aan iemand anders. Er is geen vriendschap, geen echte familie, geen eenheid. We zijn van de kudde afgedwaald; elk van ons gaat tekeer als een dolle olifant die in afzondering leeft.

In *Sanatana dharma* zijn de Schepper en de schepping niet twee maar één. Zoals er geen verschil is tussen goud en gouden juwelen, is er geen verschil tussen God de schepper en de geschapen wereld. Het effect kan nooit verschillen van zijn basis, de oorzaak. Sanatana Dharma is de enige filosofie die ons leert *nara* als Narayana te zien, de mens als God te zien. Het is de enige religie die zelfs het *nirgunam*, het attribuutloze, als God vereert. Hoe ver weg iemands geliefde ook mag zijn, wanneer hij naar de zakdoek kijkt die hij van haar gekregen heeft, schenkt hem dat veel vreugde. De man geniet niet van het lapje of het borduursel op de zakdoek, maar hij geniet van de herinnering aan zijn geliefde. Evenzo ervaren wij, onafhankelijk van de vorm die we denken dat God heeft, Gods liefdevolle aanwezigheid.

We hebben een lange traditie van het respecteren en eren van alle levende wezens. Onze voorvaderen bouwden tempels voor en aanbaden bomen, vogels en zelfs giftige slangen. Een honingbij mag dan klein zijn, maar zonder dit schepseltje zou de bestuiving ophouden en hele soorten zouden kunnen uitsterven. Wanneer de motor van een vliegtuig defect raakt, kan het vliegtuig niet vliegen. De afwezigheid van slechts één vitale schroef kan hetzelfde effect hebben. Kunnen we de schroef weggooien en zeggen dat het in tegenstelling tot de motor maar een klein onbelangrijk ding is? De waarheid is dat alles zijn eigen functie en betekenis heeft. Niets is onbelangrijk.

Moeder Natuur die net als de wensvervullende koe *kamadhenu* zegeningen over ons uitstrooide, is nu als een oude droogstaande koe geworden.

Tegenwoordig wordt het idee van milieubescherming als modern beschouwd. Dit is ironisch, want het beschermen van het milieu is een oud onderdeel van onze cultuur. Het

Toespraak van Sri Mata Amritanandamayi

enige verschil is dat wij de natuur beschermden omdat we de hele schepping als deel van God zagen. Toen besloten we dat een dergelijk denkwijze primitief was en hielden daarom op met het beschermen van de natuur. Tegenwoordig ontbreekt het onze milieubescherming aan het respect dat eens de grondslag was. Daarom schieten al onze pogingen in die richting tekort.

Twee vogels zaten op het dak van een gebouw met elkaar te praten. De ene vogel vroeg de ander: "Waar is jouw nest?" De andere vogel antwoordde: "Ik heb nog geen nest of gezin. Ik kan niet genoeg nectar uit de bloemen krijgen om mijn honger te stillen. Toen ik een paar dagen geleden op zoek naar nectar was, vond ik een prachtige tuin voor een huis. Opgewonden vloog ik naar beneden. Pas toen ik dichterbij kwam, besefte ik dat de tuin kunstmatig was. Alle bloemen waren van plastic. Op een andere dag zag ik een andere kleurrijke tuin. Maar toen ik daarheen ging om nectar van een van de bloemen te drinken, sneed ik in mijn bek. De bloem was gemaakt van glas. Een andere dag zag ik een echte tuin vol met prachtige bloemen. Uitgehongerd vloog ik naar beneden, maar ik hield plotseling halt toen ik zag dat een man die besproeide met kunstmest en pesticide. Ik had wel dood kunnen gaan! Teleurgesteld keerde ik terug. Er zijn tegenwoordig maar weinig bloemen en de resterende zijn zoals deze! Dus hoe kan ik hopen een nest te hebben en een gezin te stichten? Hoe kan ik mijn jonge vogels voeden?"

Toen de eerste vogel zijn klacht hoorde, zei hij: "Je hebt helemaal gelijk. Ik probeer al dagenlang een nest te bouwen maar ik kan geen takjes vinden. Het aantal bomen neemt af. Als dat zo doorgaat, moet ik een nest maken uit stukjes plastic en ijzer."

Onze toestand is net zo pathetisch als die van deze twee vogeltjes. Het is niet voldoende om kinderen te hebben; we moeten er ook voor zorgen dat zij een goede toekomst hebben. In de afgelopen 25 jaar hebben we 40 procent van onze bossen vernietigd. De hoeveelheid beschikbare brandstof en water neemt af. Degenen die dit probleem het sterkst gaan ervaren zijn onze kinderen en hun kinderen. We moeten ons dat realiseren, opstaan en handelen. Onze jeugd zou in de voorhoede moeten staan

Toespraak van Sri Mata Amritanandamayi

van campagnes voor het behoud van water, energie en bossen.

Lust is als honger, het is aanwezig in alle mensen. Maar in het verleden leidde de mensheid zijn leven stevig geworteld in spirituele waarden en was zo in staat dit verlangen te beteugelen. Toen Amma een kind was zei Damayanti Amma (Amma's moeder): "Plas nooit in de rivier. De rivier is Devi (de Goddelijke Moeder)." Als we in de backwaters zwommen, konden we ons bedwingen, ook al was het water koud, doordat we ons de woorden van Damayanti Amma herinnerden. Als men een respectvolle houding ten opzichte van een rivier ontwikkelt, zal men die nooit bevuilen. Helaas is de samenleving thans verstoken van waarden. Incidenten zoals dat wat onlangs in Delhi plaatsvond, zijn hier het bewijs van. Tegenwoordig besteedt de jeugd zijn vrije tijd aan het zoeken naar pornografie op het internet. Dit is als olie op het vuur gieten; het versterkt alleen maar hun lust. Sommige tieners hebben Amma zelfs verteld dat zij na het zien van zulk materiaal onkuise gedachten hadden ten opzichte van hun eigen broers en zussen. Zij verliezen hun *viveka*. Hun toestand is als die van een dronken aap die gebeten is door een schorpioen en daarna op het hoofd geslagen is door een vallende kokosnoot. De toestand van de huidige jeugd is als die van een raket die gevangen is in het zwaartekrachtveld van de aarde. Om van de zwaartekracht los te komen hebben we de hulpraket van spirituele waarden nodig.

Zoals ouders hun kinderen berispen en zeggen: "Houd op met spelen en ga studeren!" moeten ze er ook op aandringen dat hun kinderen ernaar streven waarden te ontwikkelen. Wanneer onze kinderen jong en ontvankelijk zijn, moeten moeders duidelijk tegen hun dochters zeggen: "Je moet niet bang zijn. Laat niemand je ooit onderdrukken. Je moet innerlijke kracht ontwikkelen." Evenzo moeten ouders hun zonen leren vrouwen te beschermen en te respecteren. Tegenwoordig zijn veel mannen als een weg met één rijstrook. Zij moeten als snelwegen worden en ook vrouwen toestaan naast hen vooruit te gaan. De regering kan zoveel wetten veranderen als ze wil en vonnissen voor seksmisdadigers zo hard maken als ze wil, maar

Toespraak van Sri Mata Amritanandamayi

er zal nooit echte verandering plaatsvinden als we onze kinderen niet met deze waarden opvoeden. De regering moet bijeenkomen om de beste manier te bepalen om pornografisch op het internet van de beïnvloedbare geest van onze jeugd weg te houden.

Voorheen was een bepaald aantal uren dienstverlening aan de samenleving verplicht voor alle scholieren. Amma vindt dat dit beleid weer ingevoerd moet worden. Als al onze scholen hun leerlingen ten minste twee keer per week mee zouden nemen voor schoonmaakacties en bijeenkomsten om bomen te planten, zou het vervuilingprobleem in grote mate verlicht worden. Zij zouden punten moeten krijgen voor die bijeenkomsten. Dan zouden we ook een dienstverlenende mentaliteit bij onze kinderen kunnen ontwikkelen wanneer zij op een beïnvloedbare leeftijd zijn.

Tegenwoordig is religie een nieuw handelsproduct geworden dat op de markt verkocht wordt. "Dit is een religie van hoge kwaliteit; die religie is slecht." Dit is de manier waarop sommige mensen religie verkopen. Dat is als zeggen: "Mijn moeder is een heilige, die van jou is een prostituee." Religie moet geen muren bouwen maar bruggen, die van elkaar vervreemde groepen mensen bij elkaar brengen. Hiervoor moet ieder individu proberen om de diepere principes van religie te begrijpen, de boodschap van liefde en compassie. Op die manier moet het leven en onderricht van Swami Vivekananda een inspiratie voor iedereen worden.

Tot slot zou Amma een suggestie willen doen waarvan zij denkt dat die nuttig is voor onze samenleving. Zoals afgestudeerden van de medische faculteit eerst een jaar in landelijke gebieden moeten dienen, zou ten minste één kind uit elk gezin dat moeten doen na het afstuderen. Regeringstoelagen zouden dit moeten financieren. Deze jonge mensen zouden tussen de arme mensen moeten leven, hun problemen begrijpen en proberen oplossingen te vinden om hen te helpen. Op die manier kunnen we compassie in onze jeugd aanwakkeren, de armen optillen en kan het land holistisch groeien. Wanneer gepensioneerden ook zouden besluiten om een jaar lang de armen te dienen, zou dat zelfs een nog ingrijpender invloed op ons land hebben.

Toespraak van Sri Mata Amritanandamayi

Als je er goed over nadenkt, is er dan verschil tussen mensen en wormen? Wormen eten, slapen, hebben ontlasting, produceren nageslacht en sterven uiteindelijk. Doen wij iets meer dan dat, nadat we de gift van dit kostbare menselijk bestaan ontvangen hebben? Nee. Niet alleen dat, maar door negativiteit als boosheid, jaloezie en haat creëren we nieuwe *vasana's* (negatieve neigingen). Wormen doen dat tenminste niet. Dit is iets waarover we allemaal moeten nadenken.

We moeten ons leven zo leiden dat het zowel voor onszelf als voor anderen van nut is. God heeft de bliksem slechts een bestaan van een paar seconden gegeven. En ook de regenboog. Sommige bloemen bloeien slechts één enkele dag. De volle maan duurt maar tot zonsopgang. Een vlinder leeft maar een paar dagen. Desondanks schenken zij de wereld veel schoonheid en vreugde tijdens hun korte bestaan. Amma bidt dat wij van hun voorbeeld leren en proberen ons leven te gebruiken om de wereld een nog mooiere plaats te maken. Laten we onze lippen kleuren met woorden van waarheid. Laten we onze ogen opmaken met de *anjanam* (oogwater) van compassie. Laten we onze handen decoreren met de *henna* van goede daden. Laten we onze gedachten zegenen met de beminnelijkheid van nederigheid. Laten we ons hart vullen met het licht van liefde voor God en Zijn hele schepping. Mogen we op deze manier deze wereld in een hemel veranderen.

India moet opstaan. De stem van kennis, van Zelfrealisatie en de eeuwenoude woorden van onze rishi's moeten weer ontwaken en over de hele wereld weerklinken. Om dit te bereiken moeten we in eenheid samenwerken. Moge dit land, dat de ware betekenis van acceptatie aan de wereld onderwees, stevig in deze deugd gevestigd blijven. Moge de schelphoorn van Sanatana Dharma een herrijzenis aankondigen die over de gehele wereld echoot. Swami Vivekananda was als een regenboog die aan de horizon van de mensheid verscheen om ons de schoonheid en waarde te helpen begrijpen van een leven van activiteit gecombineerd met compassie en meditatie. Moge zo de prachtige droom van liefde, onbevreesdheid en eenheid waarvan Swami Vivekananda droomde, realiteit worden. Moge de Paramatman[11] iedereen de kracht geven om dit te bereiken.

---

[11] de opperste ziel, God

www.ingramcontent.com/pod-product-compliance
Lightning Source LLC
Chambersburg PA
CBHW070635050426
42450CB00011B/3199